L'APOLOGIE
DES
FEMMES.

Par Monsieur P**

A PARIS,
Chez { la Veuve de Jean Baptiste Coignard, Imprimeur du Roy,
ET
Jean Baptiste Coignard Fils, Imprimeur Ordinaire du Roy,
& de l'Académie Françoise, rue S. Jacques, à la Bible d'or.

M. DC. XCIV.
AVEC PRIVILEGE DE SA MAJESTÉ.

PREFACE.

CETTE Apologie n'est point une réponse en forme à la Satyre contre les Femmes & contre le Mariage, puisqu'elle a esté composée & lûë mesme en plusieurs endroits avant que la Satyre fût imprimée. C'est seulement une piece de Poësie qui défend ce que la Satyre attaque, pour donner au Public la satisfaction de voir sur cette matiere & le pour & le contre. Je sçay que le parti que j'ay pris, quoy-que le plus juste & le plus loüable, est le moins avantageux à celuy qui le soûtient, parce que les Rieurs seront toûjours du costé de la raillerie & de la medisance; mais ayant appris il y a quelque temps le sujet de la Satyre, & la maniere à peu prés, dont on le devoit traiter, je ne pûs m'empescher de travailler en faveur du sentiment contraire. Comme on sçait que l'Autheur de cet Ouvrage & moy ne sommes pas de mesme avis sur bien des choses, je crus qu'on ne seroit pas fasché de me voir encore opposé à luy sur un sujet de cette nature, où il s'agit de la défense, non seulement de la veri-

ã ij

PREFACE.

té, mais encore des bonnes mœurs & de l'honnesteté publique.

L'Autheur de la Satyre agit toûjours sur un principe qui est bien faux & capable de faire faire bien des fautes. Il s'imagine qu'on ne peut manquer en suivant l'exemple des Anciens; & parce qu'Horace & Juvenal ont declamé contre les femmes d'une maniere scandaleuse & en des termes qui blessent la pudeur, il s'est persuadé estre en droit de faire la mesme chose, ne considerant pas que les mœurs d'aujourd'huy sont bien differentes de celles du temps de ces deux Poëtes, où l'on avoit, comme ils le disent, divers moyens de se passer du mariage, qui n'estoient parmi eux que des galanteries; mais qui sont des crimes parmi les Chrétiens, & des crimes abominables.

Sur le mesme principe il croit toûjours qu'il peut maltraiter dans ses Satyres ceux qu'il luy plaira. La Raison a beau luy crier sans cesse que l'Equité naturelle nous défend de faire à autruy ce que nous ne voulons pas qui nous soit fait à nous-mesmes, cette voix ne l'émeut point, & il luy suffit qu'Horace en ait usé d'une autre maniere. Il est étrange comment luy qui est si sensible à la reprehension, qui est si alerte pour aller au devant des moindres railleries qu'on luy prepare, & qui a prevenu tant de fois les Tribunaux où l'on vouloit se plaindre de ses Satyres, conti-

PREFACE.

nuë toûjours fur le mefme ton, & comment dans le mefme temps qu'il fait défendre à tout le monde de l'attaquer, il fe donne la permiffion d'attaquer tout le monde.

On peut s'étonner encore qu'ayant comparé fes Satyres à nos Sermons, il n'ait pas remarqué que s'il y a quelque reffemblance entre des chofes dont les unes font fi faintes & les autres fi profanes, c'eft qu'il eft de la nature de toutes les deux de ne combattre le vice qu'en general fans jamais nommer les perfones; cependant il l'a fait encore dans cette derniere Satyre, & d'une maniere qui a déplû aux plus enclins à la médifance. Car de voir toûjours revenir fur les rangs Chapelain, Cottin, Pradon, Coras & plufieurs autres; c'eft la chofe du monde la plus ennuieufe & la plus dégoûtante.

Il a crû auffi que fi les Vers de fa Satyre eftoient plus durs, plus fecs, plus coupez par morceaux, plus enjambans les uns fur les autres, plus pleins de tranfpofitions & de mauvaifes céfures que tous ceux qu'il a faits jufqu'icy, ils plairoient encore davantage, parce qu'ils en feroient plus femblables aux Vers des Satyres d'Horace, ne fongeant pas que toutes les Langues ont leur genie particulier, & que fouvent ce qui eft une élegance dans le Latin eft une barbarie dans le François.

Voilà une partie des erreurs où l'a conduit l'i-

PREFACE.

mitation mal entenduë des Anciens; en voicy quelques-unes où il est tombé purement de son chef.

Il s'est mis dans l'esprit que son Ode Pindarique avoit eu un succez admirable, & qu'à la reserve de *certains mauvais Critiques, qui en ont censuré quelques mots & quelques syllabes*, elle avoit esté applaudie de tout le monde. On sçait assez, sans que je m'amuse à le faire voir, combien il se trompe sur cet article.

Il fonde, à ce qu'il dit, la plus grande esperance du succez de son Ouvrage, sur l'approbation que les femmes y donneront, bien loin d'apprehender qu'elles s'en fâchent, erreur plus grande & encore plus inexcusable. Il fait bien voir qu'il ne connoist gueres les femmes dont il croit avoir attrappé tous les caracteres, lorsqu'il s'attend d'avoir leur approbation sur un pareil Ouvrage. Pendant que tant d'honnestes gens ont bien de la peine à leur plaire en leur disant des douceurs, comment a-t-il pu croire qu'il leur plairoit en leur disant des injures?

Il ajoûte qu'*elles le loüeront de ce qu'il a trouvé moyen, dans une matiere aussi delicate que celle qu'il traitte, de ne pas laisser échapper un seul mot qui pust blesser le moins du monde la pudeur.* Quelle erreur encore! Est-ce que *des Heros à voix luxurieuse, des Morales lubriques, des Rendez-vous*

PREFACE.

chez la Cornu, & les plaisirs de l'Enfer qu'on goûte en Paradis, peuvent se presenter à l'esprit sans y faire des images dont la pudeur est offensée. Il est vray que *les plaisirs de l'Enfer* est une expression fort obscure, & qu'on n'a jamais ouï parler des plaisirs de l'Enfer, non plus que des peines du Paradis; mais on ne peut creuser cette pensée, que l'imagination ne se sallisse effroyablement.

Il a crû que sa Satyre serviroit à inspirer une bonne Morale, (car tout homme qui compose une Satyre, doit avoir ce dessein & l'on ne peut, sans luy faire tort, presumer qu'il ne l'a pas;) il débutte cependant par faire entendre qu'un homme n'est gueres fin, ni gueres instruit des choses du monde, quand il croit que ses enfans sont ses enfans, ou quand il s'imagine que sa femme peut luy dire quelque parole un peu tendre, sans avoir dessein de le tromper. Voilà un beau moyen d'affermir l'amitié conjugale, & de mettre la paix dans les familles! Il ajoûte que s'il ne s'abuse point dans son calcul, il y a trois femmes de bien dans Paris qu'il pourroit citer. Où est l'utilité de faire entendre que suivant ce calcul & le raisonnement qui en resulte, nous sommes presque tous des enfans illegitimes. Peut-eftre a-t-il voulu gagner par là les suffrages des Dames : car comment pourroient-elles ne pas applaudir à un Ouvrage qui fait tant d'honneur à leur sexe, & qui va jusqu'à

PRÉFACE.

reconnoistre trois femmes de bien dans une Ville, où il y en a plus de deux cens mille?

Il croit que tous les caracteres de femmes qu'il a formez, sont beaux & naturels ; il ne faut qu'examiner celuy de la Devote, qui est son chef-d'œuvre, pour voir combien il se trompe. Aprés avoir dit *qu'elle va quester dans les maisons pour* _{Satyre pag.} *les Pauvres, qu'elle visite les Prisons, qu'elle hante* _{22.} *les Hospitaux*, il ajoûte *qu'elle ne peut vaincre sa passion pour le fard.* S'il avoit dit qu'elle ne peut vaincre son orgueil, sa colere ou son penchant à la medisance, cela seroit le mieux du monde, mais le fard n'est point là en sa place : car s'il s'est jamais trouvé une femme assez folle pour aller dans des Hospitaux & dans des Prisons avec du fard sur le visage, cela est si singulier qu'il ne doit point entrer dans l'idée generale d'une Devote.

On croit que le caractere de la Sçavante Ridicule a esté fait pour une Dame qui n'est plus, & dont le merite extraordinaire ne devoit luy at-_{Pag. 16. &} tirer que des loüanges. Cette Dame se plaisoit _{17.} aux heures de son loisir à entendre parler d'Astronomie & de Physique ; & elle avoit mesme une tres-grande pénétration pour ces Sciences, de mesme que pour plusieurs autres que la beauté & la facilité de son esprit luy avoient rendu tres-familieres. Il est encore vray qu'elle n'en faisoit aucune ostentation, & qu'on n'estimoit gueres

PREFACE.

res moins en elle le soin de cacher ses dons, que l'avantage de les posseder. Elle estoit estimée de tout le monde; le Roy mesme prenoit plaisir à marquer la considération qu'il avoit pour son mérite par de frequentes gratifications, & elle est morte dans la reputation d'une pieté singuliere. L'Autheur de la Satyre ayant mis dans un de ses ouvrages il y a environ vingt ans les deux Vers qui suivent:

Que l'Astrolabe en main un autre aille chercher
Si le Soleil est fixe ou tourne sur son axe.

Cette Dame eut la bonté de luy dire que quand on se mesloit de faire des Satyres, il falloit connoistre les matieres dont on parloit; que ceux qui tiennent que le Soleil est fixe & immuable, sont les mesmes qui soûtiennent qu'il tourne sur son axe, & que ce ne sont point deux opinions differentes, comme il paroist le dire dans ses Vers. Elle ajoûta qu'un Astrolabe n'estoit d'aucune utilité pour découvrir si le Soleil est fixe, ou s'il tourne sur son axe. On pretend que le chagrin qu'il eut d'estre relevé là-dessus, luy a fait faire ce portrait d'une Sçavante Ridicule. Il est vray qu'il n'est pas honneste à un si grand Poëte d'ignorer les Sciences & les Arts dont il se mesle de parler; mais la Dame qui l'instruisoit, n'estoit point coupable de son ignorance, ni de la faute qu'il avoit faite, en parlant de choses qu'il ne connoissoit pas.

é

PREFACE.

Combien a-t-on esté indigné de voir continuer icy son acharnement sur la Clelie? L'estime qu'on a toûjours faite de cét Ouvrage, & l'extréme veneration qu'on a toûjours euë pour l'illustre Persone qui l'a composé, ont fait soulever tout le monde contre une attaque si souvent & si inutilement repetée. Il paroist bien que le vray merite est bien plustost une raison pour avoir place dans ses Satyres, qu'une raison d'en estre exempt.

Il s'est encore bien trompé, quand il a crû que sa Satyre pourroit réüssir à la Cour si sage aujourd'huy, si modeste & si reglée par l'exemple du Maistre. Un si grand exemple peut à la verité avoir meslé quelques Hypocrites avec les gens de bien; mais l'Autheur de la Satyre devoit penser que ces Hypocrites seront encore plus impitoyables que les autres, & que leur empressement à exagerer l'horreur qu'ils n'ont pas, sera plus vif que celüy des gens de bien à témoigner celle qu'ils ont.

Il se trompe encore, quand il croit m'avoir beaucoup mortifié, en disant que le Poëme de saint Paulin pourrit chez Coignard. (N'est-il point las de dire qu'un Livre pourrit chez l'Imprimeur, qu'il s'y roussit par les bords, qu'il va chez l'Epicier, chez le Chapelier, chez la Beurriere, & cent autres choses semblables déja usées du temps d'Horace & de Juvenal.) Le Poëme de S. Paulin

PREFACE.

ne pourrit point chez Coignard, il se debite autant qu'un autre Livre de devotion en Vers, & qui estant rempli de sentimens de pieté, n'est pas de nature à estre recherché avec autant d'empressement que des Satyres pleines de médisances. Il a beau se glorifier du grand debit que l'on a fait de ses Satyres, ce debit n'approchera jamais de celuy de Jean de Paris, de Pierre de Provence, de la Misere des Clercs, de la Malice des Femmes, ni du moindre des Almanachs imprimez à Troye au Chapon d'or. Il me fait dire en cet endroit des choses que je n'ay point dites, ou que j'ay dites tout autrement qu'elles ne sont exprimées; mais c'est la maniere dont il en use ordinairement à mon égard.

Puisqu'il paroist avoir une si grande soif de reputation, & qu'elle va jusqu'à ne pouvoir souffrir le peu que j'en ay (car l'Autheur du S. Paulin lui tient au cœur, quelque mal qu'il en dise de tous costez :) que ne compose-t-il un Ouvrage purement de luy, où il n'y ait point de médisance, & qui plaise par la seule beauté de son genie. Pourquoy, au lieu de se renfermer, comme il fait, dans la peinture de ce qu'il y a de laid dans les hommes, ne s'occupe-t-il à celebrer les vertus que le Ciel leur a données? Au lieu de voler toûjours terre à terre, comme un Corbeau qui va

PREFACE.

de charogne en charogne, que ne s'éleve-t-il comme un Aigle vers les grandes & les hautes matieres. Le Ciel, la Terre, les Enfers, les Anges & les Demons, Celuy mesme qui a fait toutes choses, peuvent estre le digne objet de ses travaux & de ses veilles : car tant qu'il ne fera que des Satyres comme celles qu'il nous a données, Horace & Juvenal viendront toûjours revendiquer plus de la moitié des bonnes choses qu'il y aura mises. Chapelain, Quinault, Cassagne & les autres qu'il aura nommez, pretendront aussi qu'une partie de l'agrément qu'on y trouve, vient de la celebrité de leur nom, qu'on se plaist à y voir tourné en ridicule. La malignité du cœur humain qui aime tant la médisance & la calomnie, parce qu'elles élevent secrettement celuy qui lit au dessus de ceux qu'elles abaissent, dira toûjours que c'est elle qui fait trouver tant de plaisir dans les Ouvrages de M. D.... & que s'ils estoient lûs avec les yeux que donne la charité, il s'en faudroit beaucoup qu'on y trouvast les mesmes charmes, pour ne rien dire de plus. Il est vray qu'il a si peu réüssi quand il a voulu traiter des sujets d'un autre genre que ceux de la Satyre, qu'il pourroit y avoir de la malice à luy donner ce conseil.

Il me semble que jusqu'icy j'ay repris dans les Ouvrages de l'Autheur de la Satyre autre chose que

PREFACE.

des mots & des syllabes, & que j'ay attaqué des endroits essentiels & de consequence ; mais où a-t-il vû qu'en fait de versification (car il ne s'agit gueres que de cela dans ses compositions,) où a-t-il vû, dis-je, que dans des Ouvrages en Vers, les mots & les syllabes soient de peu d'importance. J'aimerois autant qu'un Musicien nous dist que les mauvais accords, les dissonnances & le manque de mesure ne sont d'aucune consequence dans une composition de Musique. A-t-il oublié de quelle sorte Quintilien parle du jugement des oreilles. Il donne à ce jugement l'épithete de tres-superbe, pour marquer que les oreilles s'offensent aisément & pardonnent difficilement ; il faut que les paroles qui veulent plaire à l'esprit, commencent par plaire aux oreilles, ou du moins qu'elles ne les blessent pas en passant chez elles.

Pour achever de faire voir qu'on a eû raison de ne donner pas à la Satyre les applaudissemens que *les amis de son Autheur prétendoient qu'on luy donneroit comme au plus beau de ses Ouvrages*, il n'y auroit qu'à l'examiner dans le détail. Il n'y eut jamais un plus beau champ pour la Critique, & ceux qui voudront l'entreprendre, ne travailleront pas sur une matiere ingrate ; pour moy je me contenteray de marquer legerement quelques endroits qui m'ont frappé plus que les autres.

PREFACE.

Il me paroiſt qu'on ne ſçait la plûpart du temps lequel des deux Interlocuteurs parle dans la Satyre.

Il pretend qu'un certain nombre de Vers qu'il a fait imprimer en autre caractere que le reſte, ſont une Traduction du commencement de la ſixiéme Satyre de Juvenal ; car il met en marge que *ce ſont les paroles du commencement de cette Satyre :* cependant ces Vers ne contiennent ni les paroles ni meſme le ſens de Juvenal.   Les voicy.

<small>Paroles du commencement de la Satyre de Juvenal.</small>

Que deʒ le temps de Rhée
La Chaſteté déja la rougeur ſur le front
Avoit cheʒ les mortels reçû plus d'un affront :
Qu'on vit avec le fer naiſtre les injuſtices,
L'impieté, l'orgueil & tous les autres vices,
Mais que la bonne foy dans l'amour conjugal,
N'alla point juſqu'au temps du troiſiéme metal.

Voicy une Traduction du commencement de cette ſixiéme Satyre de Juvenal, que je ne donne pas pour fort élegante, mais qui eſt tres fidelle.

PREFACE.

Je croy que la Pudeur fut toûjours reverée
Dans les temps bienheureux de Saturne & de Rhée,
Lorsqu'un Antre sauvage éclairé d'un faux jour,
Faisoit de nos ayeux le plus riche sejour,
Et cachoit sous le frais de son ombre champestre
Les hommes & leurs Dieux, le betail & son maistre,
Quand la femme rustique avec de viles peaux
Couvroit un lit de joncs, de mousse & de roseaux,
Et vous ressemblant peu, Beauté pleine de charmes,
Qui pour un moineau mort versastes tant de larmes,
Presentoit la mamelle à son fils déja grand,
Et comme son époux ne vivoit que de gland,
Car d'un air moins poli qu'en ce siecle où nous sommes,
Dans leurs sombres forests vivoient les premiers hommes,
Qui d'un chesne sortis ou d'Argile formez,
Sans aide de Parens se virent animez.
Alors de la Pudeur on put voir quelque marque,
Mesmes sous Jupiter encor jeune Monarque,

PREFACE.

Quand les Grecs moins rusez, & moins ingenieux
Ne juroient pas encor par leurs Rois ou leurs Dieux,
Quand les plus beaux Jardins n'avoient ni murs ni
    porte,
Et qu'on alloit par tout sans peur & sans escorte,
Depuis avec ses sœurs, loin des terrestres lieux,
Astrée, & la Pudeur s'envolerent aux Cieux.
Posthume, c'est sans doute un long & vieil usage,
D'enfraindre sans respect la foy du mariage,
Le dur siecle de Fer, de cent crimes divers,
Non connus jusqu'alors inonda l'Univers,
Fit voir des assassins, des voleurs, des faussaires;
Mais dez l'âge d'argent l'on vit des Adulteres.

On voit clairement par cette Traduction, que les paroles qu'on donne pour estre de Juvenal n'en sont point, & mesmes qu'elles portent un sens contraire à celuy de ce Poëte; car ce Poëte dit que la Pudeur demeura sur la Terre pendant le regne de Saturne qui est le mesme que celuy de Rhée, & que le siecle d'argent vit les premiers Adulteres; Et le pretendu Traducteur dit que dez le temps de Rhée,

La

PREFACE.

*La Chasteté déja la rougeur sur le front,
Avoit chez les mortels reçû plus d'un affront.*

L'Autheur de la Satyre n'auroit-il point fait cette Traduction, pour montrer d'une maniere fine combien les Modernes sont inferieurs aux Anciens?

Il y a une infinité de Vers qui n'ont point de cesures ; en voicy quelques-uns.

Dans la ruë en avoient   rendu graces à Dieu   Pag. 12.
Son mariage n'est   qu'une longue querelle   Pag. 14.
Ne sçavent pas s'il est   au monde un S. Paulin   Pag. 18.
Qui veut vingt ans encore   aprés son mariage.   Pag. 26.

Pour les transpositions il y en a d'insupportables, & en grande abondance. Mr Chapelain n'estoit qu'un apprentif pour les faire bien dures & bien sauvages ; je n'en rapporteray que deux ou trois.

Entendre des discours sur l'amour seul roulans,   Pag. 6.
De Phedre dedaignant la pudeur enfantine.   Pag. 2.

Cette derniere transposition fait une équivoque ; on ne sçait s'il veut dire que Phedre dédaignoit la pudeur enfantine, comme la Grammaire & la construction naturelle veulent qu'on l'entende : ou si c'est *la femme yvre d'un Mousquetaire,*

PREFACE.

qui dédaigne la pudeur enfantine de Phédre.

Pag. 15.
Et partout où tu vas, dans ses yeux enflammez,
T'offrir non pas d'Isis la tranquille Eumenide.

Il falloit mettre, *t'offrir dans ses yeux enflammez*, & non pas, *dans ses yeux enflammez, t'offrir*. Ce qui suit, donne à croire que l'Ombre de Quinault le poursuit par tout : car aprés luy avoir donné dés l'abord un coup de dent en parlant de la morale de l'Opera, de quoy s'avise-t-il d'aller chercher hors de propos, qu'il y a dans l'Opera d'Isis une Furie qui à son gré ne se tourmente pas assez. Il y a là quelque chose qui n'est pas naturel, & qui marque qu'il y est poussé malgré qu'il en ayt

Pag. 16.
A chasser un Valet dans la maison cheri

Pag. 27.
D'un Censeur dans le fond qui folastre & qui rit.

Je ne m'arresteray point aux chevilles ni aux obscuritez, elles y sont presque sans nombre ; & de plus cela ne consiste souvent qu'en *mots & en syllabes*.

L'Histoire du Magistrat avare, & de sa femme qui l'estoit encore plus que luy, me semble un peu hardie. Dieu veuille que l'Autheur ne s'en apperçoive pas, car il pourroit y avoir des Parens d'assez mauvaise humeur pour n'en pas rire.

Pag. 15.
Peu de gens ont entendu ce que vouloit dire un *lit effronté*, où une Dame se fait traiter d'une

PRÉFACE.

santé visible & parfaite. S'il s'agissoit d'un lit de débauche où une femme eût commis plusieurs adulteres, on pourroit s'imaginer, pour peu qu'on se laissast aller à la Poësie, que l'effronterie de la femme auroit passé jusqu'à son lit; mais d'appeller ce lit effronté, parce que la femme qui est couchée dessus, ose dire qu'elle est malade quand elle ne l'est pas: il y a asseurement un peu trop de Poësie dans cette fiction.

On a de la peine à deviner ce que veulent dire ces deux Vers.

Mais pour quelques vertus si pures, si sinceres,
Combien y trouve-t-on d'impudentes faussaires. Pag. 21.

Par faussaires on ne peut entendre que ceux qui contrefont, ou des Actes ou des signatures. On n'a jamais ouï parler que les femmes se mélassent d'un tel mestier. Elles ont bien de la peine à former une vraye écriture, comment auroient-elles assez d'habileté pour en faire de fausse? On entrevoit que par faussaires il veut dire des hypocrites, mais cela ne s'entend que parce qu'on veut bien l'entendre.

Cecy est encore un peu obscur:

Et que dans son logis fait neuf en son absence, Pag. 25.

On ne comprend point comment un homme revenant de la Ville chez luy, peut trouver son

PREFACE.

logis fait neuf : il faut plus de temps pour faire un logis neuf. S'il y avoit qu'il trouve qu'on a fait maison neuve chez luy, cela s'entendroit : car maison signifie aussi-bien ceux qui habitent une maison, que la maison mesme ; mais logis ne signifie que le lieu où l'on habite.

Cecy est plus étrange.

P. 5. 5. *N'allons donc point icy reformer l'Univers,*
Ni par de vains Discours & de frivoles Vers.

N'est-il pas plaisant que le Poëte fasse parler un de ses Interlocuteurs, comme si la conversation qu'il rapporte s'estoit faite en Vers : c'est comme si Corneille avoit fait dire à Auguste en parlant à Cinna : Preste l'oreille à mes Vers, au lieu de dire, comme il fait : *Preste l'oreille à mes Discours.*

Satyr. pag. 26. On a de la peine à entendre ce que veut dire *une Capanée.* On ne sçait si on voit un homme ou une femme. *Une*, marque que c'est une femme ; & *Capanée*, que c'est un homme : car c'estoit un des sept Capitaines qui assiegeoient la ville de Thebes, fort connu par son impieté. Je ne sçai pas si on peut dire qu'une femme est une Capanée, pour signifier qu'elle est une Impie ; mais je sçay bien qu'on ne dira jamais qu'une femme est une Thesée, pour dire qu'elle est une infidelle ; qu'elle est une Ciceron, pour dire qu'elle est fort eloquente, ni qu'elle est une Socrate, pour dire qu'-

PREFACE.

elle est fort sage. Il y a là, si je ne me trompe, un solecisme, & des plus gros, peut-estre que l'*apprentie Autheur* qui a precedé, authorise *une Capanée*, & qu'*une Capanée* authorise ensuite l'*apprentie Autheur*. Je doute cependant qu'ils se puissent maintenir l'un l'autre, ni mesme s'empescher de tomber tous deux.

Il dit que les Parisiens sont

Gens de douce nature, & maris bons Chrestiens. Pag. 2.

Si on examine de prés ce que *bons Chrestiens* veut dire là, pour peu qu'on aime le nom de Chrestien, il sera difficile de n'estre pas indigné de la signification que l'on luy fait avoir.

Mais c'est assez parlé de la Satyre contre les femmes, disons quelque chose de leur Apologie. Je ne doute point que plusieurs gens du bel air ne trouvent étrange que je fasse consister un si grand bonheur dans l'amitié conjugale, eux qui ne regardent ordinairement le mariage que comme une voye à leur établissement dans le monde, & qui croyent que s'il faut prendre une femme pour avoir des Enfans, il faut choisir une Maistresse pour avoir du plaisir. Mais cette conduite vitieuse, quoy-qu'assez usitée, ne prevaudra jamais aux premieres loix de la Nature & de la Raison, qui demandent une union parfaite entre ceux qui se marient: loix si sages, si commodes & si honnestes.

PRÉFACE.

Je suis encore persuadé que quelques femmes de la haute volée n'aimeront pas ces meres & ces filles, qui travaillant chez elles,

Apol. pag. 7. *Ne songent qu'à leur tasche, & qu'à bien recevoir*
Leur pere ou leur époux quand il revient le soir.

Elles trouveront ces manieres bien bourgeoises, & le sentiment que j'ay là-dessus, bien antique pour un Défenseur des Modernes ; mais quoy qu'elles puissent dire, & quelque authorisées qu'elles soient par l'usage & par la mode, il sera toûjours plus honeste pour elles de s'occuper à des ouvrages convenables à leur sexe & à leur qualité, que de passer leur vie dans une oisiveté continuelle.

Il y a quelques portraits dans mon Apologie, mais ils ne marquent persone en particulier ; & si quelqu'un se les applique, c'est qu'il le voudra bien, & qu'il trouvera que ces portraits luy ressemblent. Il n'en est pas ainsi du portrait de l'Autheur de S. Paulin dans la Satyre. Quelque obscur que soit cét Autheur, & quoy-qu'il n'y ait point d'honneste homme qui sçache s'il *est au monde un Saint Paulin*, plusieurs honnestes gens n'ont pas laissé de le reconnoistre, sans le secours mesme de la premiere lettre de son nom, & des deux étoiles qui marquent qu'il est de deux syllabes.

La Satyre paroist en quelque façon faire main-basse sur toutes sortes de Mariages, & n'en ap-

PREFACE.

prouver aucun; je ferois bien fasché qu'on crût que je pense la mesme chose du Célibat. Non seulement je le louë & le revere dans ceux qui se consacrent à l'Eglise, ou qui se retirent dans des Monasteres; je le louë encore dans ceux qui le choisissent pour mener une vie plus austere, en demeurant dans le monde, ou pour vacquer plus librement à l'étude. Je le louë mesme en ceux qui n'ayant pas le bien necessaire pour soûtenir les charges & les dépenses du mariage selon leur qualité, s'en éloignent par prudence & par moderation. Je n'en veux qu'à ceux qui choisissent cét état par pur libertinage, pour ne pouvoir souffrir aucun lien qui les retienne dans les bornes de la raison & de l'honnesteté; à ces hommes sans joug, à ces enfans de Belial, comme parle l'Ecriture, qui non contens de vivre sans regle & sans ordre, veulent que tout le monde vive comme eux, & qui pretendent, tout insensez qu'ils sont, passer pour les plus sages d'entre les hommes.

L'APOLOGIE
DES
FEMMES.

IMANDRE *avoit un Fils, triste, fâcheux,*
colere,
Des Misantropes noirs le plus atrabilaire,
Qui mortel ennemi de tout le genre humain,
D'une maligne dent déchiroit le prochain,
Et sur le Sexe mesme, emporté par sa bile,
Exerçoit sans pitié, l'acreté de son style.

Le Pere qui vouloit qu'une suite d'enfans
Peust transmettre son nom dans les Siecles suivans,

A

L'APOLOGIE

Cent fois l'avoit pressé, pour en avoir lignée,
De vouloir se soumettre aux Loix de l'Hymenée;
Et cent fois par ce fils de chagrins herissé,
Se vit avec douleur vivement repoussé.

Un jour qu'il le trouva d'une humeur moins sauvage,
Le tirant à l'écart il luy tint ce langage:
Ce qui plaist, ce qui charme & qu'on aime en tous lieux,
Te sera-t-il toûjours un objet odieux?
Ne sçaurois-je esperer que ton dedain se passe,
Et qu'enfin le beau sexe avec toy rentre en grace?
Si tu t'en éloignois par un saint mouvement
Et pour ne regarder que le Ciel seulement,
Te blâmer sur ce point seroit une injustice,
Et je t'applaudirois d'un si grand sacrifice;
Mais ce qui t'a jetté hors du chemin battu,
Ce n'est que le Caprice & non pas la Vertu.

C'est un ordre eternel qu'encore toute pure
Au fond de tous les cœurs imprima la Nature,

DES FEMMES.

De rendre à ses Enfans le depost precieux
De la clarté du jour qu'on tient de ses Ayeux.
Heureux ! qui reverant cette sainte conduite,
N'arreste pas en soy, de soy-mesme la suite ;
Mais se rend immortel au gré de son desir.
Serois-tu bien, mon fils, insensible au plaisir
De voir un jour de toy naistre un autre toy-mesme
Qui serve l'Eternel, qui l'adore & qui l'aime ?
Qui lorsque le trepas aura fermé tes yeux,
Aprés toy rende hommage à son nom glorieux,
Et d'où puisse sortir une feconde race,
Qui jusqu'au dernier jour le benisse en ta place ?
Tu sçais, je te l'ay dit, à quoy tendent mes vœux,
Et ce qui peut nous rendre & l'un & l'autre heu-
   reux.

Il est, j'en suis d'accord, des femmes infidelles,
Et dignes du mespris que ton cœur a pour elles ;
Mais si de deux ou trois le crime est averé,
Faut-il que tout le sexe en soit deshonoré.

L'APOLOGIE

Dans une grande Ville où tout est innombrable,
Comme il est naturel de chercher son semblable,
D'aimer à le connoistre & d'en estre connu
*Selon les divers go*u*sts dont on est prevenu,*
Chacun en quelque endroit que le hazard le porte,
Ne rencontre & ne voit que des gens de sa sorte.
Ceux qui par le sçavoir se sont rendu fameux,
Ne trouvent sur leurs pas que des sçavans comme eux;
Ceux qui cherchant toûjours la Pierre bien aimée,
Ont l'art de convertir leur argent en fumée,
Ne trouvent que des gens qui fondant le metal,
Par le mesme chemin courrent à l'Hospital.
L'homme de symphonie & de fine musique,
Abordera toûjours un homme qui s'en pique;
Et ceux qui de rubis se bourgeonnent le nez,
En rencontrent par tout d'encor plus bourgeonnez.
Ceux qu'à le bien servir le Tout-puissant appelle,
Ne trouvent que des Saints brûlans du mesme Zele,
Que des cœurs où le Ciel ses dons a repandus:
Faut-il donc s'étonner si des hommes perdus,

DES FEMMES.

Jugeant du sexe entier par celles qu'ils ont veuës,
Asseurent qu'il n'est plus que des femmes perduës?

Pour six qui sans cervelle avec un peu d'appas,
Feront de tous costez du bruit & du fracas,
Par leur dance, leur jeu, leurs folles mascarades,
Leurs cadeaux indiscrets, leurs sombres promenades,
Sans peine on trouvera mille femmes de bien,
Qui vivent en repos & dont on ne dit rien.

A toute heure, en tous lieux la Coquette se montre,
Il n'est point de Plaisirs où l'on ne la rencontre,
Allez au Cours, au Bal, allez à l'Opera,
A la Foire, il est seur qu'elle s'y trouvera.
Il semble, à regarder l'essor de sa folie,
Que pour estre par tout elle se multiplie.
Pour des femmes d'honneur, dans ces lieux hazar-
    deux
De cent que l'on connoist on n'en verra pas deux.

Rejette donc, mon fils, cette fausse maxime
Qu'on trouve rarement une femme sans crime,
C'est seulement ainsi que parle un Suborneur,
Qui de femmes sans foy, sans honte & sans honneur
Fait, prés de son Iris, une liste bien ample,
Pour la faire tomber par le mauvais exemple.

Au lieu d'estre toûjours dans les lieux de plaisir
A repaistre tes yeux, à charmer ton loisir,
A regarder sans cesse au Cours, aux Thuilleries,
Du Fard & du Brocard chargé de Pierreries,
Va dans les Hospitaux où l'on voit de longs rangs
De malades plaintifs, de morts & de mourans;
Là tu rencontreras en tout temps, à toute heure,
Malgré l'air infecté de leur triste demeure,
Mille femmes d'honneur, dont souvent la beauté
Que cache & qu'amortit leur humble pieté,
A de plus doux appas pour des ames bien faites,
Que tout le vain éclat des plus vives Coquettes.

Descens dans des caveaux, monte dans des greniers
Où des Pauvres obscurs fourmillent à milliers,
Tu n'y verras pas moins de Dames vertueuses
Frequenter sans dégoust ces retraites affreuses,
Et par leur zele ardent, leurs aumosnes, leurs soins,
Soulager tous leurs maux, remplir tous leurs be-
 soins.
Entre dans les Reduits des honnestes familles,
Et vois-y travailler les meres & les filles,
Ne songeant qu'à leur tâche & qu'à bien recevoir
Leur pere ou leur époux quand il revient le soir.
Charmé de leur conduite & si simple & si sage,
Tu te verras contraint de changer de langage.

 Peux-tu ne sçavoir pas que la Civilité
Chez les Femmes nâquit avec l'Honnesteté?
Que chez elles se prend la fine politesse,
Le bon air, le bon goust, & la delicatesse?
Regarde un peu de prés celuy qui Loupgarou,
Loin du sexe a vescu renfermé dans son trou,

L'APOLOGIE

Tu le verras crasseux, mal-adroit & sauvage,
Farouche dans ses mœurs, rude dans son langage,
Ne pouvoir rien penser de fin, d'ingenieux,
Ni dire jamais rien que de dur ou de vieux.
S'il joint à ces talens l'amour de l'Antiquaille,
S'il trouve qu'en nos jours on ne fait rien qui vaille,
Et qu'à tout bon Moderne il donne un coup de dent,
De ces dons rassemblez se forme le Pedant,
Le plus fastidieux, comme le plus immonde,
De tous les animaux qui rampent dans le monde.

Quand le sexe s'oublie, & de tant de façons
Sert de folle matiere à de folles chansons,
N'as-tu pas remarqué que de tout ce scandale,
Les Maris sont souvent la cause principale,
Soit par le dur excés de leur severité,
Soit par leur indolence & leur trop de bonté.

S'il arrive qu'un jour aux nœuds du mariage,
En suivant mes desirs ton heureux sort t'engage,

DES FEMMES.

Ne t'avises jamais d'affecter la rigueur,
De vivre en Pedagogue avec trop de hauteur,
Temoignes de l'amour, du respect, de l'estime,
En Mari toutefois qui conduit & qui prime :
On a beau publier & prôner en tous lieux
Que le sexe est hautain, qu'il est imperieux ;
La Femme en son époux aime à trouver son mai-
stre,
Lorsque par ses vertus il merite de l'estre ;
Si l'on la voit souvent resoudre & decider,
C'est que le foible époux ne sçait pas commander.

Il en est, il est vray, qui dans leurs mariages
N'ont pas toûjours trouvé des Epouses bien sages ;
Mais auroient-ils le front d'en oser murmurer ?
Ont-ils en épousant tâché d'en rencontrer ?
Eux & leurs vieux Parens avecque leurs besicles
N'ont pendant plusieurs mois lû, relû des articles
Qu'afin de parvenir par leur soin diligent,
A bien apparier deux tas d'or & d'argent,

L'APOLOGIE

Sans regarder plus loin, sans voir si les Parties
D'esprit, d'âge & d'humeur seroient bien assorties.
Ils ne comprennent point que pour vivre content,
Le choix de la personne est le plus important;
C'est une verité qui leur semble bizare,
Et qui n'entra jamais dans le cœur d'un Avare.

Quand le premier Mortel fut mis dans l'Univers,
Pour commander luy seul à tant d'Estres divers,
Il vit, n'en doutons point, avecque complaisance,
Ses richesses sans nombre, & sa vaste puissance;
Mais lorsque degagé de son premier sommeil,
Le Seigneur luy montra la femme à son reveil,
La femme sa moitié, sa compagne fidelle;
Quittant tout, il tourna tous ses regards sur elle,
Et charmé de la voir, trouva moins de douceur
A regir l'Univers qu'à regner dans son cœur:

La Gloire nous ravit par sa beauté supréme,
L'Or nous rend tout-puissans & nous charme de même;

Mais malgré tout l'éclat dont ils frappent nos yeux,
Des biens le plus solide & le plus precieux,
Est de voir pour jamais unir sa destinée
Avec une Moitié sage, douce & bien née,
Qui couronne sa Dot d'une chaste pudeur,
D'une vertu sincere & d'une tendre ardeur.
A ces dons precieux, si le Ciel favorable
Se plaisant à former un chef-d'œuvre admirable,
D'une beauté parfaite a joint tous les attraits,
Le vif éclat du teint, la finesse des traits ;
Si ses beaux yeux, ornez d'une brune paupiere,
Jettent, sans y penser, de longs traits de lumiere ;
Si sa bouche enfantine & d'un coral sans prix,
A tous les agrémens que forme un doux souris ;
Si sa main le dispute à celles de l'Aurore,
Et si le bout des doigts est plus vermeil encore :
Faudra-t-il deplorer le sort de son Epoux,
Et pourrois-tu le voir sans en estre jaloux ?
Il n'est rien icy bas de plus digne d'envie,
Ni qui mesle tant d'or au tissu d'une vie.

Les malheurs les plus grands n'ont rien d'aspre, d'affreux,
Quand deux cœurs bien unis les partagent entre eux,
Et le moindre bonheur que le Ciel leur envoye,
Les inonde à l'envi d'un Ocean de joye.

Si dans la bonne chere un Epoux emporté,
En dissipant son bien altere sa santé,
Par de sages repas, & sans dépense vaine,
Chez elle adroitement l'Epouse le rameine,
Et retranchant toûjours la superfluité,
Le remet pas à pas dans la frugalité.

Si son œil aperçoit quelque intrigue galante,
Alors elle se rend encor plus complaisante,
Souffre tout, ne dit mot, tant qu'enfin sa douceur
L'attendrit, le desarme & regagne son cœur.
Par elle tous les jours la Jeunesse volage,
Se retire du vice & du libertinage ;

DES FEMMES.

Par sa bonne conduite une famille en paix,
A des enfans bien nez, & de sages valets,
Par elle une Maison tombée en decadence,
Voit revivre en son sein l'éclat & l'abondance.

Ce n'est point seulement dans les premiers beaux
  jours,
Ni dans la jeune ardeur des naissantes amours,
Que d'un heureux hymen se goûtent les delices,
Son cours n'est pas moins doux que ses tendres pre-
  mices.
C'est un bonheur égal, un bien de tous les temps.

Ah! combien d'un époux les yeux sont-ils contents,
Quand il voit prés de luy pendant sa maladie,
Une épouse attentive, & qui ne s'étudie
Qu'à prevoir ses besoins & qu'à le soulager,
Et qui pleure en secret dés le moindre danger;
Tout plaist d'elle, il n'est plus de medecine amere
Dés qu'elle passe à luy par une main si chere;

Et si le Ciel enfin ordonne son trépas,
Sans peine & sans murmure il meurt entre ses bras.

Ainsi s'acheve en paix l'heureuse destinée
De celuy qu'en ses nœuds engage l'hymenée,
Pendant que le prôneur du libre celibat,
Luttant contre la Mort sur son triste grabat,
Confus, embarassé d'un si penible rôle,
Voit l'œil à demi clos, son valet qui le vole,
Et sent, quoy qu'abattu de douleur & d'ennuy,
Qu'on tire impudemment son drap de dessous luy.

Si son destin permet qu'un serviteur fidele
Luy donne en ces momens des marques de son Zele,
Ses Amis sont ailleurs, & pour comble de maux
Son lit est entouré d'aspres Collateraux,
Qui craignant que des legs ne gastent leur affaire,
Veillent à détourner Confesseur & Notaire,
Apprehendant toûjours qu'un bol de Quinquina
En faisant son effet ne le tire de là.

N'est-il pas vray, mon fils, que cette seule image
Des aimables douceurs d'un heureux mariage,
Et sur tout de l'horreur qui suit le celibat,
Te trouble, te saisit, te confond & t'abat.
Que ton esprit émû de ce qu'il vient d'entendre,
Des deux routes qu'il voit ne sçait laquelle prendre?
Je sçay qu'à mon avis tu viendras te ranger,
Mais je te donne encor du temps pour y songer.

FIN.

EXTRAIT DU PRIVILEGE DU ROY.

PAr Lettres Patentes de Sa Majesté, données à Paris le 12. Novembre 1674. signées par le Roy en son Conseil, PEPIN: Il est permis à JEAN BAPTISTE COIGNARD, Imprimeur Ordinaire du Roy à Paris, d'imprimer, vendre & debiter pendant dix années, *divers Ouvrages en Prose & en Vers de M^r P***. Avec défenses à tous autres d'imprimer lesdits Ouvrages en Prose & en Vers, sur les peines portées par lesdites Lettres.

Regiftré sur le Livre de la Communauté le 19. Novembre 1674.
Signé, D. THIERRY, Syndic.

Achevé d'imprimer le 26. Mars 1694.

www.ingramcontent.com/pod-product-compliance
Lightning Source LLC
Chambersburg PA
CBHW060705050426
42451CB00010B/1278